UNE VISITE AU PANTHÉON

HISTOIRE DE L'ÉGLISE SAINTE-GENEVIÈVE JUSQU'A NOS JOURS, Y COMPRIS LES TEMPS DU SIÈGE ET DE LA COMMUNE

L'église de Sainte-Geneviève a succédé à l'ancienne basilique de ce nom, toutes deux élevées en l'honneur de la patronne de Paris.

Nous avons raconté, dans la vie de l'illustre Sainte, comment cette première basilique, construite, en 506, sur les ordres de Clovis, porta d'abord le nom des saints apôtres Pierre et Paul, et comment après que la vierge de Nanterre y eut été inhumée, le peuple s'accoutuma peu à peu à donner à cette église le vocable de Sainte-Geneviève, sous lequel elle a traversé les âges.

Au dix-huitième siècle, des craintes sérieuses s'élevèrent sur la solidité du vieil édifice. Il avait été restauré déjà plusieurs fois, à la suite des incursions des Normands qui y portèrent, comme partout sur leur passage, le ravage et l'incendie ; mais de nouvelles et considérables réparations devenaient nécessaires pour conjurer la ruine qui le menaçait ; d'ailleurs ses dimensions trop étroites n'étaient plus en rapport, surtout aux jours de solennité, avec l'accroissement de la population.

On conçut donc le projet de remplacer la vieille basilique; l'accomplissement de ce dessein fut hâté par un fait que tous les historiens ont signalé : Louis XV, guéri à Metz d'une fièvre violente, regarda cette guérison inespérée comme le fruit des prières adressées à sainte Geneviève; en témoignage de sa reconnaissance, il ordonna d'élever un monument digne, en tous points, de la patronne de Paris et de la France.

Divers plans furent proposés : celui de l'architecte Soufflot l'emporta.

Le 6 septembre 1764, le roi posa lui-même solennellement la première pierre de la partie supérieure de l'édifice. Les travaux continuèrent presque sans interruption, et l'œuvre de Soufflot touchait à son terme, lorsque la Révolution, qui venait d'éclater, se l'appropria.

Par une loi du 4 avril 1791, l'Assemblée Constituante décréta que le nouveau temple prendrait le nom de Panthéon, et serait destiné à recevoir les cendres des grands hommes. La croix qui couronnait le dôme fut enlevée. L'inscription du fronton :

D. O. M.
Sub invocatione sanctæ Genovefæ sacrum;

fut remplacée par cette autre :

Aux grands hommes, la Patrie reconnaissante!

Sous le péristyle, dans la frise du milieu, on grava ces mots :

Panthéon français, l'an III de la Liberté.

Un mémoire fut rédigé par ordre de la Constituante, touchant les changements qu'il convenait d'opérer pour adapter le monument à sa nouvelle destination. L'auteur de ce mémoire, dans le langage emphatique du temps, y félicite le peuple de ce qu'il prend possession de ce temple, « en un moment, dit-il, où tout doit contribuer à renforcer dans l'âme des citoyens toutes les sensations que l'enthousiasme de la liberté fait puiser dans l'amour de la Patrie ».

En conséquence de la loi du 4 avril, et à la suite de décrets successifs qui en réglèrent l'application, les restes de Mirabeau, de Voltaire, de Marat, de Lepelletier Saint-Fargeau et de J.-J. Rousseau furent inhumés dans le monument.

Napoléon Ier, monté sur le trône, rapporta cette loi. Il signa, en février 1806, un décret ordonnant que — « l'église Sainte-Geneviève serait rendue au culte, conformément à l'intention de son fondateur, sous l'invocation de sainte Geneviève, patronne de Paris ».

Le décret qui rendait au culte l'église Sainte-Geneviève portait en même temps que : « Elle conserverait la destination qui lui avait été donnée par l'Assemblée Constituante, et serait consacrée à la sépulture des grands dignitaires, des grands officiers de l'Empire et de la couronne, des sénateurs, des grands officiers de la Légion d'honneur, et, en vertu de décrets spéciaux, des citoyens qui auraient rendu d'éminents services à la Patrie. »

Il y eut, pendant le premier Empire, un peu plus de quarante personnages inhumés dans les caveaux. Parmi eux se trouvent les cardinaux Caprara et Ersquine, le maréchal Lannes et le ministre Portalis.

Le service du culte avait été confié au chapitre métropolitain de Notre-Dame, augmenté à cet effet de six membres; mais on ne devait, disait l'article Ier du décret, « officier solennellement dans l'église, que le 3 janvier, fête de sainte Geneviève, le 15 août, le jour des Morts, le premier dimanche de décembre, et toutes les fois qu'il y aurait lieu à des inhumations ».

Ce fut sous Louis XVIII que le monument prit complètement le caractère de temple chrétien. L'inscription du fronton disparut et fut remplacée par celle-ci.

D. O. M.

Sub invocatione sanctæ Genovefæ,
Lud. XV dicavit, Lud. XVIII restituit.

Plus tard, dans une page magistrale qui occupe toute

la voûte de la seconde coupole, le baron Gros peignit une sorte d'apothéose de sainte Geneviève, entourée des gloires de la monarchie française.

Une ordonnance du 12 décembre 1821 remit l'église entre les mains de Mgr de Quélen, archevêque de Paris, qui en fit l'ouverture, avec une grande pompe, le 3 janvier suivant; elle resta affectée au culte jusqu'en 1830.

A cette époque, les événements politiques amenèrent de nouvelles vicissitudes pour l'église patronale de Paris; elle fut enlevée, une fois encore, à la religion, et reprit officiellement le nom de Panthéon.

Un décret du 26 août 1830 remit en vigueur la loi portée par la Constituante. Seulement, pour ne plus s'exposer aux inconvénients des décisions précipitées, qui avaient fait passer du Panthéon aux égouts les cendres de plusieurs grands hommes, il était statué : que « les honneurs ne seraient décernés qu'en vertu d'une loi, et dix ans, au moins, après le décès du citoyen qui en serait l'objet ».

La croix qui couronnait le dôme fut abattue; l'inscription du portique reparut :

Aux grands hommes, la Patrie reconnaissante.

En 1848, pendant les sanglantes journées de Juin, le Panthéon, envahi par les insurgés, soutint un siège en règle contre le général Damesme, commandant de la garde mobile, qui finit par l'emporter. Le monument, pendant quelques jours, servit d'ambulance pour les blessés. Les corps du général Bréa et du capitaine de Mangin, son aide de camp, y furent déposés.

Le 6 décembre 1851, un premier décret du prince président rendit à la Patronne de Paris son sanctuaire, et annonça qu'il serait « pris ultérieurement des mesures pour régler l'exercice permanent du culte catholique dans cette église ».

Un second décret, en date du 22 mars 1852, acheva l'œuvre de réparation. De concert avec Mgr Sibour, archevêque de Paris, il fut arrêté que des prêtres, nommés à la suite d'un concours, seraient, sous le titre de chapelains, chargés du service religieux de l'église Sainte-Geneviève.

Le 10 septembre 1870, le gouvernement de la Défense nationale prit l'arrêté suivant : « Par ordre de M. le gouverneur de Paris, et en vertu des pouvoirs que lui donne l'état de siège, les cryptes de l'église de Sainte-Geneviève seront mises à la disposition de l'artillerie pour y déposer des poudres. Par conséquent, les exercices du culte seront momentanément suspendus... »

Les munitions prirent immédiatement possession des cryptes. En même temps on entoura le monument des précautions les plus minutieuses, et on ne négligea rien de ce qui tendait à prévenir jusqu'à l'ombre d'un accident. Les baies en sous-sol, qui servent de fenêtres aux caveaux, furent murées avec le plus grand soin. On dépava une partie de la place du Panthéon; les pavés furent accumulés par manière de contreforts, le long des ouvertures latérales et des portes du péristyle.

Mais cela ne suffisait pas encore.

Les renseignements que nous apportait à toute heure l'histoire de nos désastres faisaient craindre que les obus prussiens ne vinssent frapper le dôme et traverser les coupoles : et, au jugement d'hommes experts, il n'était pas impossible que les projectiles eussent assez de puissance pour effondrer certaines parties des voûtes inférieures, et pénétrer jusqu'aux poudres. Pour parer à ce danger, l'intendance militaire fit déposer dans l'intérieur de l'église une partie des provisions considérables d'avoine qu'elle tenait en réserve; les trois nefs en reçurent près de trente mille sacs. C'était une litière impénétrable aux engins des assiégeants.

Dès le 19 mars 1871, les délégués du comité central remplacent les soldats préposés à la garde des munitions, par des gardes nationaux qui leur sont dévoués. Le vendredi 26 mars, les bras de la croix qui domine le fronton sont sciés; on traite de la même manière la croix qui surmonte le dôme. Il ne reste plus de l'une et de l'autre qu'un mât qui sert de hampe au drapeau rouge. Cela dura jusqu'au 24 mai. Le soir de ce jour, les fédérés qui avaient, comme en 1848, fait du Panthéon leur quartier général, furent obligés de fuir précipitamment devant l'armée qui arrivait de divers côtés à la fois; le temps leur avait manqué pour mettre à exécution leur projet hautement déclaré de faire sauter l'édifice.

La lutte terminée, on s'aperçut que le monument avait été atteint sur plusieurs points. L'artillerie prussienne avait causé moins de dégâts que le second siège de Paris. Les traces des balles sont innombrables; elles s'y rencontrent avec les traces à demi effacées des balles de juin 1848. On a compté dans les différentes parties de l'édifice la marque de cent dix gros projectiles. Deux ou trois obus ont frappé la lanterne haute, et surtout la corniche de la galerie qui la soutient. Le grand dôme a été attaqué en divers endroits; plusieurs balles ont touché la grande peinture de Gros. Le portail de la façade principale a été fort maltraité; ses portes de bronze étaient traversées; plusieurs chapiteaux des grandes colonnes, brisés, et quelques personnages du tympan portaient de larges blessures.

EXTÉRIEUR DE L'ÉDIFICE

Façade d'entrée. — La façade d'entrée du monument repose sur un large perron de 11 degrés. Elle se compose d'un vaste portique de 42 mètres de longueur sur 13 mètres 50 de profondeur, orné de 22 colonnes, d'ordre corinthien, cannelées; la hauteur de ces colonnes est de 20 mètres, et le diamètre de 2 mètres.

Quatre de ces colonnes se relient aux murailles; six, placées en avant-corps, supportent le vaste fronton triangulaire; quatre autres, placées en arrière, prolongent la façade; enfin, celles du premier rang se doublent et se triplent, à l'exception des deux du milieu.

Le porche a trois parties; celle du centre comprend trois entre-colonnements, et laisse voir la porte principale placée en avant-corps sur le mur du fond.

Les deux parties extrêmes, à droite et à gauche, servent de péristyle aux deux autres entrées de l'édifice.

De chaque côté de la porte principale s'élève un groupe, en marbre, de M. Maindron. L'un représente sainte Geneviève arrêtant Attila devant Paris; l'autre, Clovis baptisé par saint Remi.

Le fronton. — Le fronton, nous l'avons dit, est dû au ciseau de David d'Angers.

L'artiste, s'inspirant de l'inscription placée dans la frise du milieu, a représenté la Patrie, accompagnée de la Liberté et de l'Histoire.

La Patrie, debout sur un autel, distribue des couronnes aux grands hommes. La Liberté, assise à ses pieds, prépare d'autres couronnes, pendant que l'Histoire écrit les noms destinés à devenir immortels.

A droite, un groupe de personnages célèbres, dans l'ordre civil; à gauche, des illustrations militaires; aux deux angles aigus du fronton, des jeunes hommes se livrent à un labeur assidu, afin de conquérir un jour les honneurs réservés à ceux qui ont bien mérité de la Patrie.

Bas-reliefs du péristyle. — Les cadres du péristyle sont occupés par des bas-reliefs en harmonie avec le tympan et exécutés par Nanteuil.

Celui du milieu représente la Patrie tenant, d'une main, une palme, et de l'autre, montrant le séjour de l'immortalité à un de ses fils qui meurt pour elle; tout près, la Renommée, embouchant la trompette, proclame dans le monde entier ce dévouement héroïque.

Les sujets des quatre autres bas-reliefs plus petits sont : un magistrat, à l'attitude sereine et ferme, en face du misérable qui s'apprête à le frapper; un guerrier refusant la couronne qui lui est décernée pour en faire hommage à la Patrie; — les sciences et les arts honorant le pays par leurs découvertes; enfin, une femme, personnifiant l'intelligence et l'étude, qui promet à de jeunes enfants, conduits par leurs mères, les bienfaits de l'Education publique.

Les portes. — Trois portes en bronze, œuvre de Destouches, donnent entrée dans le temple. Elles sont montées sur des armatures en fer, et rappellent, par leurs dimensions et leur genre d'ornementation, les portes célèbres du baptistère de San-Giovani, à Florence; leur hauteur est de 8 mètres 20, et leur largeur de 3 mètres 95.

Les côtés. — Cette partie de l'édifice, si puissante d'aspect, n'offre cependant rien de particulier. Ce sont des massifs de pierre, ornementés seulement dans la partie supérieure, et encore avec sobriété.

Façade de derrière. — Cette façade donne sur la rue Clotilde, en face des bâtiments du lycée Henri IV, où nous avons signalé la vieille tour qui porte également le nom de Clotilde. Elle offre un vestibule à terrasse, orné de dix pilastres reliés par une grille en fer. C'est au-dessous de ce vestibule, placé en avant du monument, que se trouve le grand escalier double qui conduit à la crypte.

INTÉRIEUR

Nef d'entrée. — Cette nef à laquelle donnent accès les portes de la façade principale, se divise en deux parties.

La première constitue une sorte d'atrium intérieur; elle est disposée en arcades, et contient trois tribunes. Le milieu des arcades forme une voûte ovale soutenue par quatre pendentifs. On remarque, au centre de cette voûte, un triangle entouré de rayons; les pendentifs ont pour ornements principaux un aigle, un coq, un cygne et un pélican.

La seconde partie de la nef d'entrée, ou la nef proprement dite, s'étend jusqu'au point central du dôme, elle est dallée en marbre blanc et noir ; il en est de même des autres nefs jusqu'au dôme, qui est pavé d'une manière différente et offre une rosace des plus remarquables.

De chaque côté, douze colonnes isolées, et répétées le long des murs par quatorze colonnes engagées, forment un péristyle qui est exhaussé de cinq marches.

Ces colonnes cannelées, d'ordre corinthien, sont hautes de 13 mètres 25 et ont 1 mètre 20 de diamètre.

Dans le plan de Soufflot, les murs, où s'appuient les colonnes engagées, avaient des fenêtres, qui furent supprimées, sous l'Assemblée Constituante, afin de donner au temple un caractère plus sombre et plus digne d'une nécropole.

Les plafonds des péristyles, portant sur les architraves qui réunissent les colonnes, sont divisés en compartiments carrés qui offrent alternativement, au milieu, des ronds et des losanges. Des tribunes, s'appuyant sur quatre colonnes placées en avant des autres, s'étendent le long de chaque côté de la nef, on arrive à ces tribunes par deux escaliers situés de chaque côté de la porte principale d'entrée.

La crypte. — On peut dire, avec vérité, que c'est là un second temple, digne à tous égards de l'édifice qui repose sur lui comme sur d'impérissables assises.

Un double escalier conduit aux grandes portes de bronze qui y donnent accès. De gros piliers carrés, adossés aux murailles, des colonnes toscanes, accouplées et sans base, servent à la fois d'ornement à la crypte et de support à l'édifice supérieur qui s'élève à 6 mètres au-dessus.

Le modèle complet du monument réduit au vingt-cinquième, et exécuté en pierre par Rondelet, l'ami et le collaborateur de Soufflot, a été placé au bout d'une des galeries, où on peut l'examiner de près. A quelque distance, une autre galerie présente le phénomène d'un des échos les plus curieux et les plus puissants qu'on connaisse.

Des gardiens, chargés d'accompagner les visiteurs, leur donnent les explications nécessaires sur ces particularités, et leur montrent, en détail, les caveaux, où ont été inhumés un certain nombre de personnages.

Le dôme. — Au point d'intersection des quatre nefs, à 57 mètres environ du sol, s'élève le dôme, soutenu par quatre piliers quadrangulaires qui, à l'intérieur, forment quatre pans coupés, ornés de pilastres en harmonie de proportions et de décorations avec les colonnes des nefs. Ces piliers se rattachent les uns aux autres par quatre grands arcs et quatre pendentifs, et sont couronnés par un entablement complet. Au-dessus de cet entablement, seize colonnes corinthiennes, de 10 mètres 80 centimètres de hauteur, reposent sur ce que les hommes de l'art appellent un stylobate, c'est-à-dire, une espèce de piédestal continu, placé sous un rang de colonnes. Dans les entre-colonnements, douze fenêtres quadrangulaires éclairent cette partie centrale du temple ; quatre autres fenêtres sont seulement simulées.

L'entablement de cette colonnade intérieure supporte un grand socle qui sert de base à la première coupole, sculptée en caissons avec rosaces. Celle-ci mesure 28 mètres 14 centimètres de diamètre, et présente, dans sa partie centrale, une large ouverture d'environ 10 mètres, à travers laquelle on aperçoit une seconde coupole, éclairée par des croisées cintrées qui ne sont visibles qu'à l'extérieur de l'édifice. C'est sous la voûte de cette coupole que le baron Gros a peint l'Apothéose de sainte Geneviève. Les figures colossales ont 5 mètres de proportions.

Au-dessus de cette deuxième coupole s'en trouve une troisième, de forme ovale, couronnée elle-même par une lanterne.

Ces trois coupoles superposées sont toutes en pierre ; on en estime le poids, ou plutôt celui du dôme entier, à près de 11 millions de kilogrammes. On ne s'étonnera pas qu'une masse si énorme ait pu produire, pendant la construction, un tassement, dont on trouve, près du dôme, la trace irrécusable dans l'inclinaison de la ligne des architraves intérieures. Soufflot voulait, pour l'édifice qu'il avait conçu, une exécution parfaite et ce désir l'a poussé à amoindrir les joints des assises, en les démaigrissant à l'intérieur, selon le langage des architectes. Il en est résulté que la lourde charge, imposée aux piliers qui soutiennent le dôme, a surtout pesé sur les arêtes de ces assises; des éclats ont eu lieu; et, par suite, l'écrasement s'est produit.

Rondelet, successeur de Soufflot, a trouvé le moyen, par des travaux supplémentaires et des adjonctions de surfaces portantes nouvelles, comme disent encore les hommes de l'art, de remédier au mal avec le plus entier succès. Depuis cet intelligent et habile travail, le monument est devenu d'une solidité à toute épreuve.

Le public est admis à monter au dôme, comme il l'est à parcourir les caveaux. Les gardiens se tiennent à la disposition des visiteurs, pour ouvrir la porte de l'escalier qui conduit jusqu'au sommet de l'édifice; on y arrive après avoir franchi 425 marches, dont la première est au niveau des Tours de Notre-Dame. Le trajet qui sépare ces deux termes extrêmes offre, d'ailleurs, le plus vif intérêt.

D'un côté, le visiteur est frappé des hardiesses et des grâces tout ensemble de la construction, les différents aspects du monument apparaissent d'une manière plus complète; ce n'est vraiment qu'au moyen de cette ascension, soit en pénétrant dans l'intérieur même des coupoles par les ouvertures qui y sont ménagées, soit en parcourant les cours suspendues et la colonnade corinthienne qui entourent le dôme, qu'on arrive à comprendre toute la grandeur et toute la beauté du chef-d'œuvre de Soufflot.

D'un autre côté, à mesure qu'on approche du sommet,

lorsqu'on est arrivé surtout au balcon circulaire qui enserre la petite coupole, on a sous les yeux l'un des plus magnifiques spectacles qui soient au monde : celui de Paris, vu dans son entier, et de toute la campagne avoisinante, à plusieurs lieues d'étendue.

Comme couronnement de l'édifice, au-dessus de la lanterne, à 82 mètres du sol, s'élève la croix. Elle a 7 mètres de hauteur, y compris la base. Le socle et la boule dorée qui le surmonte comptent 3 mètres ; il reste, par conséquent, 4 mètres pour la croix proprement dite. Le bras horizontal a 2 mètres de longueur, sur 22 centimètres d'épaisseur. L'armature intérieure est entièrement en fer. L'enveloppe et le socle sont formés de feuilles de tôle d'une épaisseur de 3 millimètres. On a placé des échelons en fer sur le montant vertical, afin que les ouvriers, chargés d'illuminer, puissent arriver sans péril jusqu'au sommet. Des clous rivés sont fixés sur la tôle et destinés à recevoir les lanternes.

Le socle, la boule dorée et la croix, forment un poids de 1,500 kilogrammes.

EXPLICATION DES SUJETS DE PEINTURE ET DE SCULPTURE

PROGRAMME GÉNÉRAL

Les peintures se divisent en cinq parties : — celles de l'abside, — celles de la grande nef, — celles des deux bras de la croix, — celles des anciennes chapelles de la Sainte-Vierge et de Sainte-Geneviève, — celles du bas du monument, comprenant deux panneaux avec archivolte.

Il faut ajouter que les peintures de la grande nef et du bras de la croix se divisent elles-mêmes en deux parties, séparées par le bandeau général qui coupe les parois aux deux tiers de leur hauteur.

La partie inférieure est consacrée aux grandes compositions dont nous allons indiquer les sujets; la zone supérieure comprend, en suivant l'ordre des siècles, les personnages dont le nom et la vie appartiennent tout ensemble à la religion et au pays, et qui complètent ainsi, dans la variété de leurs caractères respectifs et de leurs œuvres, l'*Histoire religioso-nationale de la France.*

Peintures de l'abside, confiées à M. Hébert. — Les compositions de l'abside sont le point de départ, et comme le prologue de cette grande histoire.

Le sujet a été proposé ainsi : *Jésus-Christ montre à l'Ange de la France les grandes destinées du peuple dont il lui confie la garde* (1). Une épigraphe complète la donnée du sujet.

Ces compositions sont exécutées en mosaïque. Ce genre de décoration, très usité en Italie, surtout au moyen âge, n'avait jamais été appliqué en France, avant ces dernières années, et il n'en existe aujourd'hui qu'un seul spécimen dans un des grands monuments de Paris. Les mosaïques de Sainte-Geneviève sont au nombre de cinq. Elles comprennent :

1º Deux tableaux, dans la partie basse, à droite et à gauche du buffet d'orgue;

2º Une grande frise divisée en trois compartiments, que séparent des pilastres; cette frise est placée au-dessus des deux tableaux précédents; elle occupe l'espace compris entre le bandeau intermédiaire coupé par les pilastres et l'astragale des chapiteaux corinthiens;

3º Trois panneaux d'ornement entre les chapiteaux;

4º L'ornement d'ensemble de la partie en attique, au-dessus de la corniche; c'est au centre de cette partie que se trouve l'inscription dont nous avons parlé;

5º Enfin, dans la voûte sphérique, une grande com-

---

(1) Ainsi que nous l'annonçons plus haut, l'explication détaillée de chaque composition est renvoyée à la fin de cette notice. Voyez, pour l'explication détaillée des peintures de l'abside, p. 26.

position entourée d'ornements également en mosaïque.

Cette grande composition a été exécutée la première; elle a dû être précédée de divers travaux préparatoires. En effet, la voûte de l'abside de Sainte-Geneviève est ornée de caissons qu'on ne pouvait songer à détruire. Il est, dès lors, devenu nécessaire de construire une seconde voûte, au-devant des caissons. Cette seconde voûte est composée de fers de peu d'épaisseur s'entre-croisant et reliés entre eux par des fils de fer de 4 à 5 millimètres, qui forment treillis; les carrés de treillis ont de 10 à 12 centimètres de côté. Le remplissage a été fait en fragments de tuiles de Bourgogne, hourdées en ciment. C'est là comme une première mosaïque sur laquelle s'applique la mosaïque définitive. Le tout n'a environ que 5 à 6 centimètres d'épaisseur.

Les autres travaux de décoration sont exécutés directement sur la muraille, sans préparation particulière.

La grande composition de la voûte, ainsi que la frise et les tableaux inférieurs, recevront un fond d'or; et comme la forme sphérique se prête fort naturellement aux jeux de lumière et d'ombre, on estime que l'ensemble de ce beau travail devra produire, dès l'entrée de l'édifice, l'effet le plus grandiose et le plus saisissant.

Peintures de la grande nef. — Ces peintures sont consacrées exclusivement à sainte Geneviève.

Le monument n'a-t-il pas été élevé pour rendre honneur à l'illustre vierge et pour abriter ses restes sacrés? N'est-elle pas là, dans son temple, même au milieu des plus grandes figures historiques? Dès lors, n'était-il pas juste de lui réserver, dans la basilique qui porte son nom, une place considérable qui permit de représenter, au moins, les principales phases de cette vie merveilleuse, où se rencontre si heureusement le double caractère du patriotisme et de la sainteté? — Ce sera là aussi l'objet des compositions qui occupent déjà, en grande partie, les panneaux inférieurs des murailles de la grande nef.

Ces compositions sont au nombre de quatre. Deux d'entre elles reproduisent les premières et les dernières années de la vierge de Nanterre, le commencement et la fin de sa carrière; les deux autres mettent en relief les deux grands actes accomplis par la Sainte entre ces deux termes extrêmes, et qui résument le mieux son amour et son dévouement pour sa chère ville de Paris.

Il convient de rappeler ici, après M. le Directeur des Beaux-Arts, que, par suite de la disposition des entre-colonnements de chaque paroi, dont trois forment un tout, et dont le quatrième reste isolé de l'axe principal, chacune des grandes compositions est complétée par une composition accessoire qui occupe ce quatrième entre-colonnement.

PEINTURES DE LA GRANDE NEF, A DROITE EN ENTRANT, confiées à M. Puvis de Chavannes : — *La jeunesse et la vie pastorale de sainte Geneviève* (voyez l'explic. détaillée, p. 19).

PEINTURES DE LA GRANDE NEF, A GAUCHE EN ENTRANT, confiées à M. Delaunay : — *Sainte Geneviève rend la confiance et le calme aux Parisiens, effrayés de l'approche d'Attila* (voyez p. 31).

PEINTURES DE LA GRANDE NEF, A GAUCHE, confiées à M. Meissonnier : — *Sainte Geneviève sauve Paris de la famine pendant le siège de cette ville par les Francs.*

PEINTURES DE LA GRANDE NEF, A DROITE, confiées à M. J.-P. Laurens : — *Les derniers moments de sainte Geneviève et ses funérailles* (voyez p. 25).

Peintures des bras de la croix. — Les peintures de la partie inférieure et principale des bras de la croix placent sous le regard des visiteurs les quatre grandes figures dont l'ensemble représente, d'une manière plus complète, et caractérise avec plus de fidélité le génie particulier de la nation française :

Clovis, Charlemagne, saint Louis, Jeanne d'Arc.

Quels noms et quelles âmes! Qui ne sent son cœur s'émouvoir et son front s'incliner en face des souvenirs tour à tour grandioses et touchants que ces noms seuls évoquent! Et comme on comprend que les artistes de haute valeur, chargés de faire revivre à nos yeux la physionomie si puissante et si énergique des uns, si majestueuse et si sereine des autres, soient poursuivis, nous avons entendu cet aveu de la bouche de plusieurs, par la noble et inquiète préoccupation d'être au niveau de leur grande mission! Mais cet aveu, qui est celui de l'artiste devant l'idéal, est l'honneur du talent en même temps qu'un hommage rendu aux deux sources fécondes de l'art : la Religion et le Patriotisme.

PEINTURES DES BRAS DE LA CROIX, CÔTÉ DE L'ANCIENNE CHAPELLE DE SAINTE-GENEVIÈVE, A DROITE, confiées à M. J. Blanc : — *Clovis invoque au milieu de la bataille de Tolbiac le Dieu des chrétiens, il reçoit le baptême des mains de saint Remy* (voy. p. 24).

PEINTURES DES BRAS DE LA CROIX, CÔTÉ DE L'ANCIENNE CHAPELLE DE SAINTE-GENEVIÈVE, A DROITE, confiées à M. H. Lévy : — *Charlemagne, vainqueur des Sarrazins, fondateur de l'École Palatine, auteur des Capitulaires, est sacré empereur d'Occident par Léon III* (voy. p. 22).

PEINTURES DES BRAS DE LA CROIX, CÔTÉ DE L'ANCIENNE CHAPELLE DE LA SAINTE-VIERGE, A GAUCHE, confiées à M. Cabanel : — *Saint Louis, son éducation par Blanche de Castille, ses grandes œuvres, son caractère héroïque* (voy. p. 29).

PEINTURES DES BRAS DE LA CROIX, CÔTÉ DE L'ANCIENNE CHAPELLE DE LA SAINTE-VIERGE, A DROITE, confiées à M. Baudry : — *Jeanne d'Arc, sa jeunesse, sa vie publique, sa mort* (voy. p. 28).

Peintures de la partie supérieure des parois de la grande nef et des bras de la croix. — Ces peintures, nous l'avons dit dans l'exposé général du programme, ont pour objet de compléter les grandes pages qui occupent la partie inférieure et principale des murailles de la grande nef et des bras de la croix. Dans ces peintures complémentaires, s'échelonnent, de siècle en siècle, des personnages éminents, qui ont été mêlés, à des titres divers, à l'histoire de notre pays, et qui en sont restés l'immortel honneur. Pour fermer toute voie aux discussions qui fussent nées fatalement de l'adoption de tout autre ordre d'idées, on a choisi de préférence, parmi ces personnages, ceux que la postérité salue du titre de Saints, et qui joignent aux noms les plus populaires la gloire la plus pure et la mémoire la plus respectée. Ce choix, du reste, a été fait de manière à ce que toutes les provinces, et même la plupart des grandes villes de France, fussent représentées.

Les panneaux supérieurs de la grande nef comprennent les illustres et saints personnages qui ont vécu avant sainte Geneviève, du premier au cinquième siècle, c'est-à-dire pendant le temps où l'Évangile prenait progressivement possession des Gaules; les panneaux inférieurs des bras de la croix continuent cette succession de personnages, depuis le cinquième siècle jusqu'à nos jours. L'auguste Patronne de Paris sert, pour ainsi dire, de point de rencontre à ces deux phases de notre histoire. Sainte Geneviève est, en effet, pour la France, comme une floraison des premiers siècles chrétiens; après elle, sa douce et féconde influence semble présider à la prospérité et à l'honneur de notre pays, et y hâter, en quelque sorte, la maturité des fruits de l'Evangile.

Les dispositions et l'ordonnance de ces peintures ont été laissées au goût et à l'inspiration de chaque artiste. Les personnages qui y figurent sont représentés, soit isolément, soit par groupes, comme l'ont fait tour à tour les grands maîtres.

Il a été attribué une part un peu plus large aux illustres pontifes qui ont fondé les premières églises de France, et dont les noms sont restés si profondément gravés dans la mémoire des peuples; on a voulu en cela obéir au sentiment de vérité et de justice qui faisait dire à l'un des plus célèbres historiens protestants (Grotius) : « Ce sont les évêques qui ont fait la France. »

★★★

Mais à côté de ces grands et saints personnages, il s'en trouve d'autres, pris dans tous les rangs, à tous les âges, dans toutes les situations de la vie : artisans et gentilshommes, princes et soldats, moines et paysans, jeunes filles et vieillards, docteurs et martyrs, de façon à ménager à l'artiste tous les contrastes désirables de figures, de caractères et de costumes.

Si nous ne nous trompons, cette Histoire Religioso-Nationale de la France, résumée, — d'un côté, dans les faits glorieux qui caractérisent le mieux le génie et l'action de notre pays; — d'un autre côté, dans les noms illustres de ceux dont le peuple a conservé plus fidèlement le souvenir, — se déroule aux regards comme le plus imposant spectacle, qui n'a d'égal dans aucun autre monument, dans aucun autre pays.

EXPLICATION DÉTAILLÉE
DE CHAQUE SUJET DE PEINTURE ET SCULPTURE

PEINTURE

Panneau avec archivolte, à l'entrée, côté gauche : *La prédication de saint Denys*, par M. V. GALLAND.

La scène se passe sur un monticule. Au premier plan, des femmes et des jeunes filles apportent de grands vases en terre pour puiser de l'eau à la source voisine.

Au second plan, apparaît saint Denys dominant la foule, dont une partie l'entoure et dont l'autre s'échelonne sur le versant de la colline. L'apôtre des Gaules annonce l'Évangile avec une dignité et une force que tempère l'air de bonté qui est empreint sur toute sa personne. On lit, sur le visage de ses auditeurs, les impressions diverses que cause à chacun d'eux la parole évangélique. Les uns sont touchés; des sentiments nouveaux traversent leur âme; ils éprouvent des émotions inconnues jusqu'alors. D'autres se montrent indifférents, et retournent tranquillement chez eux avec l'eau qu'ils ont puisée. Un certain nombre s'arrêtent pour mieux écouter, et paraissent tout à la fois heureux et inquiets, à l'enseignement des vérités qui frappent leurs oreilles.

Ici, un homme fait boire des enfants qui ont soif, et applique, dès maintenant, les préceptes de cette charité qu'inaugure l'Évangile. Là, une jeune mère regarde avec tendresse le fils qu'elle tient dans ses bras; l'auréole qui brûle autour de la tête de l'enfant est un présage de sa prédestination au martyre. A côté, un nouveau-né est présenté au Pontife, tandis qu'une vieille femme, qui entend parler pour la première fois de la vie éternelle, cherche à se rapprocher plus encore du prédicateur, et recueille avec une sorte d'avidité les enseignements qui sortent de ses lèvres.

Pendant que saint Denys dispense la parole sacrée, on conduit de tous côtés, vers lui, des infirmes, des malades, des paralytiques; le saint lève les bras vers le ciel, et demande à Dieu de confirmer par des prodiges la vérité de la doctrine qu'il annonce; sa prière est exaucée; tous ces affligés s'en vont guéris et consolés. Aussi le saint évêque n'aura-t-il pas fini de parler, que tout ce qu'il y a, dans cette multitude, d'âmes droites et de cœurs sincères, se rendra à sa parole et confessera courageusement le nom du Christ Jésus. La source, qui est près de là, fournira l'eau baptismale, avec laquelle saint Denys et ses compagnons, Rustique et Eleuthère, régénéreront les nouveaux convertis.

Nef d'entrée à droite : M. Puvis de Chavannes.

Panneaux inférieurs : *La jeunesse et la vie pastorale de sainte Geneviève.*

Panneau isolé a droite. — L'artiste, dans cette première composition, qui sert de préambule au sujet principal, nous présente la jeune sainte en prière. Un groupe rustique, composé d'un bûcheron et de sa femme qui porte leur enfant, reste en contemplation derrière elle. Le personnage du premier plan ne s'entrevoit que de dos; mais l'ensemble de son attitude supplée à l'expression de la physionomie. On sent qu'il est là, immobile et retenu par le charme vraiment céleste d'un tel spectacle.

Du reste, la forme et le vêtement que l'artiste donne à la jeune enfant, appartiennent plus à l'ange qu'à la créature humaine; c'est une gracieuse vision, plutôt qu'une scène terrestre, qui s'offre aux regards du groupe naïvement ébahi.

Sujet principal comprenant les trois entre-colonnements à gauche. — Il s'agit ici de l'événement le plus marquant de la jeunesse de sainte Geneviève. C'est à l'heure où l'histoire prend, en quelque sorte, possession de sa vie, que la vierge de Nanterre nous est représentée. Saint Germain d'Auxerre l'a remarquée dans la foule qui l'entoure, et il prédit les hautes destinées auxquelles elle est appelée. Dans la pensée de l'artiste, ce n'est pas un vieillard et une enfant, ce sont deux grandes âmes en présence. C'est là, pour lui, le point culminant de sa composition. Derrière la sainte, son père et sa mère écoutent, avec une émotion contenue, les paroles prophétiques du Pontife. Autour d'eux se groupent des gens de toute condition. A gauche, des bateliers se sont rapprochés de la rive pour contempler la scène. Pendant que, d'une cabane voisine, on apporte un adolescent malade pour le faire bénir et guérir par l'évêque; à droite, est un vieillard, roidi par l'âge, qui tente péniblement de s'agenouiller; puis, une pauvre petite mendiante portant sur ses bras un enfant endormi; puis deux femmes qui se hâtent de traire une vache pour aller se joindre à la foule. Au fond, des potiers à demi sauvages regardent avec curiosité ce spectacle nouveau pour eux.

L'action se passe entre le mont Valérien et les bords de la Seine. Tout, dans le paysage, est jeune et frais, comme la vierge de Nanterre elle-même. C'est le printemps, c'est le matin, c'est la nature dans toute la grâce de son premier épanouissement.

PANNEAUX SUPÉRIEURS : PANNEAU ISOLÉ A DROITE. — La Foi, l'Espérance, la Charité, veillent sur un berceau placé à leurs pieds. Dans ce berceau repose la jeune enfant qui sera un jour la bienfaitrice de Paris et sa bien-aimée Patronne; auprès d'elle, un agneau, non seulement symbole de son innocence, mais encore emblème de cette vie pastorale qu'elle mena dans les premières années de sa vie, et dont l'idée se rattache tout naturellement à son souvenir. Les trois figures, peintes dans une tonalité très claire, se détachent vigoureusement sur un fond d'or.

PANNEAUX A GAUCHE. — Dans les trois panneaux, au-dessus de la grande composition des entre-colonnements inférieurs, commence le défilé des Saints populaires de la France.

Ces Saints, comme on l'a vu dans le programme général (p. 12), sont pris dans toutes les conditions, à tous les âges, dans toutes les situations de la vie. Chaque province et même la plupart des grandes villes sont représentées par ceux dont le nom y est resté l'objet d'un culte persévérant et d'un impérissable souvenir. Au-dessus de chaque personnage, sur le fond d'or de la toile, est inscrit le nom de chacun en lettres antiques.

Voici l'ordre dans lequel sont placés les Saints qui ont été indiqués à M. Puvis de Chavannes, et dont il a caractérisé, sous des formes aussi variées que vivantes, la personnalité respective.

Premier panneau : saint Paterne, de Vannes; saint Clément, de Metz; saint Firmin, d'Amiens; saint Lucien, de Beauvais.

Deuxième panneau : saint Lucain, en Beauce; saint Martial, de Limoges; sainte Solange, du Berry; sainte Madeleine et sainte Marthe, de Provence; sainte Colombe, de Sens; saint Crépin et saint Crépinien, de Soissons.

Troisième panneau : saint Saturnin, de Toulouse;

saint Julien, de Brioude; saint Austremoine, de Clermont; saint Trophime, d'Arles; saint Paul, de Narbonne.

Bras de la croix, côté de l'ancienne chapelle de Sainte-Geneviève, à droite. — M. H. Lévy.

Panneaux inférieurs : *Charlemagne.*

Panneau isolé a gauche. — Charlemagne est assis sur son trône au sommet d'un escalier qui conduit au portique du palais. A sa droite, la Religion soutient la croix, la Gloire la couronne. Autour de lui se pressent les hommes célèbres de son temps, évêques, savants, paladins. Un moine lui présente un manuscrit précieux qu'on vient de découvrir au milieu d'antiques ruines. Au bas de l'escalier, d'autres moines initient de jeunes enfants aux sciences et aux lettres.

Sujet principal, comprenant les trois entre-colonnements à droite : *Couronnement de Charlemagne par Léon III, dans l'ancienne basilique de Saint-Pierre.* — La scène se développe de profil, de droite à gauche. Au centre, Charlemagne, suivi de sa cour, gravit la première marche de l'autel. Léon III, entouré du clergé, s'avance à la rencontre du monarque, sur la tête duquel il va déposer la couronne. Un groupe d'évêques entoure les degrés de l'autel; les pontifes, assis sur trois rangs, ferment la composition en bas et à gauche. Derrière Charlemagne, ses fils Charles et Pépin, et les princesses ses filles, portent les présents destinés au Souverain Pontife; les soldats qui précèdent lèvent leurs épées et font flotter les étendards. La composition est fermée, à droite et au fond, par la foule du peuple acclamant Charles-Auguste, empereur d'Occident. Une porte, ouverte dans la perspective du transept, laisse entrevoir la ville de Rome. Enfin, au sommet du panneau central, au-dessus du groupe formé par le Pape et l'Empereur, saint Pierre, soutenu par des anges, bénit et consacre le dévouement et l'amour de la France pour l'Église.

Ancienne Chapelle de Sainte-Geneviève, à droite et à gauche. — M. Th. MAILLOT.

PANNEAUX INFÉRIEURS A GAUCHE : *Une procession de la châsse de sainte Geneviève, au quinzième siècle.*

Le sujet, dont les détails ont été puisés dans les manuscrits de la bibliothèque de Sainte-Geneviève, représente l'une des plus célèbres processions de la châsse de sainte Geneviève, pour obtenir la cessation des pluies, le 12 janvier 1496. La scène se passe au bas de la montagne Sainte-Geneviève, où se trouve aujourd'hui le marché de la place Maubert.

Erasme, malade de la fièvre, y assistait; dans la composition, on le reconnaît immédiatement au premier plan. Voici ce qu'il dit dans une épître à Nicolas Werner : « Il y a trois mois qu'il pleut ici, sans cesse. La Seine étant sortie de son lit, a inondé la campagne et la ville. La châsse de sainte Geneviève a été descendue et portée en procession à Notre-Dame. L'évêque, accompagné de son clergé et du peuple, est venu au-devant. Dans cette auguste cérémonie, les chanoines réguliers, précédés de leur abbé marchant nu-pieds, conduisaient les reliques, et quatre porteurs en chemise étaient chargés de ce précieux fardeau. Depuis ce temps le ciel est si serein qu'il ne peut l'être davantage. »

Conformément à ces données, l'artiste a représenté les bourgeois de Paris à qui avait été dévolu le droit de porter la châsse de sainte Geneviève, en chemise, couronnés de fleurs et de feuillage. L'évêque, avec une mitre dorée, est à gauche de l'abbé de Sainte-Geneviève, en mitre blanche. Puis viennent le lieutenant civil et militaire, en armure; le **prévôt des marchands**, le prévôt de Paris, magistrat à la fois civil et militaire, représentant le roi; le capitaine des gardes suisses marchant devant la châsse, à côté d'un chanoine de Notre-Dame, etc. Tous ces personnages occupent, dans la composition, la place qui était assignée à chacun d'eux dans la procession. Celle-ci, comme l'indique un extrait des registres du Parlement, relatif à la cérémonie, se termine par les tambourins du roi, fanfares, fifres et trompettes.

La châsse de sainte Geneviève était souvent précédée par d'autres châsses; un grand nombre de religieux et de corporations lui faisaient cortège. L'artiste a choisi entre tous ces détails ceux qui lui ont paru de nature à offrir un plus grand intérêt, et à donner une idée plus fidèle de ces processions qui avaient, à un si haut degré, le don d'émouvoir nos pères.

Bras de la croix, côté de l'ancienne chapelle de Sainte-Geneviève, à gauche. — M. J. BLANC.

PANNEAUX INFÉRIEURS : *Clovis.*

SUJET PRINCIPAL, comprenant les trois premiers entrecolonnements : *Bataille de Tolbiac.* — A gauche, les Allemands s'avancent au galop des chevaux; leur roi, menacé par l'archange saint Michel, détourne son cheval et s'apprête à fuir. Dans les airs l'archange Raphaël tient déployé l'étendard de la croix, avec lequel il repousse les lances des ennemis.

A droite, Sigebert, roi des Ripuaires, atteint d'une blessure au genou, est forcé de quitter le combat; on le porte à l'écart, et le désordre se met parmi ses soldats qui fuient vers les chariots gardés par les femmes. Celles-ci repoussent les fuyards; l'une d'elles, dans son désespoir, jette son fils au milieu d'eux, préférant le voir mort, que de l'entendre appeler le fils d'un lâche.

Dans le ciel, un ange montre le Tout-Puissant qui vient en aide aux Francs, et leur rend le courage. C'est l'épisode que représente le panneau du milieu.

L'artiste nous met sous les yeux Clovis dont les troupes ont reculé déjà par trois fois, et son fils Thierry désarçonné, cherchant à repousser le cheval qui va lui passer sur le corps. Le chef des Francs pense alors au Dieu dont lui a parlé Clotilde; il lève les yeux au ciel, étend les bras et jure de se faire chrétien si la victoire couronne ses armes. Sa prière est entendue. Le Christ entr'ouvre, d'une main, les nuées pour livrer passage aux légions célestes; de l'autre, il indique à celles-ci l'armée qu'elles doivent mettre en fuite. Des anges sonnent la trompette; l'un d'eux tire l'épée; du milieu des nuages, d'autres lancent des foudres, la victoire est à Clovis.

Panneau isolé a droite : *le Baptême de Clovis.* — Clovis victorieux remplit sa promesse. Il est debout dans la piscine, vêtu de blanc comme les néophytes. Derrière lui, saint Remy, tenant de la main droite la coquille qui renferme l'eau baptismale, s'apprête à répandre cette eau sacrée sur la tête du roi franc; le Pontife, les yeux levés vers le ciel, laisse éclater la joie de son âme et remercie le Très-Haut pour un événement si heureux et de si capitale importance; Clotilde, à genoux, unit sa reconnaissance et ses prières à celles du saint évêque de Reims. Un compagnon de Clovis garde les vêtements et les armes du Roi; d'autres guerriers se dépouillent de leurs vêtements pour recevoir à leur tour le baptême. Les trompettes retentissent et célèbrent le grand acte qui fait de la France, désormais, une nation vouée au Christ.

Nef du fond, à droite. — M. J.-P. Laurens.

Panneaux inférieurs : *Les derniers moments de sainte Geneviève et ses funérailles.*

Sujet principal compris dans les trois entre-colonnements à gauche : Les derniers moments de sainte Geneviève. — Dans cette composition, l'artiste a groupé autour de la sainte sur le point d'expirer toutes les figures caractéristiques qu'offre cette époque à demi barbare, et qu'éclaire un dernier reflet de la civilisation romaine. Ecartant tous les détails inutiles, il a laissé à cette grande scène, par la nature et l'expression des personnages qui y figurent, toute la majesté sévère qui lui convient.

La femme assise qui occupe l'entre-colonnement de droite, représente sainte Clotilde, veuve du roi Clovis, et unie à sainte Geneviève par les liens de l'amitié la plus étroite. Une autre femme, de race gallo-romaine, est placée au centre de la composition; elle est vêtue de noir, et présente ses deux enfants à la Bienheureuse. Cette femme ne peut être vue que de dos; elle est placée près du lit auprès duquel se pressent le peuple, les pauvres, les malheureux, tous à genoux, pleurant celle qui les a toujours soulagés et consolés. Deux jeunes vierges soutiennent les bras de la mourante; elle veut encore bénir ceux qui sont là auprès d'elle, et particulièrement les enfants qui figurent au premier rang, et qui personnifient les générations à venir. Riches et pauvres, nobles et esclaves, vieillards et enfants, matrones et jeunes filles, prêtres et soldats, tous sont réunis dans un même sentiment de douleur.

Un évêque même s'incline pour recevoir de la sainte une bénédiction qu'il transmettra aux fidèles. Le Pontife, en vêtements blancs, fait un vif contraste avec un barbare à demi nu prosterné dans le plus profond recueillement.

Dans le panneau de gauche, une femme, debout, tourne ses regards vers la sainte et semble l'implorer.

Tout en conservant dans l'ensemble de cette composition un caractère général de gravité religieuse, l'artiste, comme nous l'avons dit, a voulu y réunir tout ce que les costumes et surtout les physionomies de l'époque pouvaient offrir de plus varié et de plus pittoresque, de plus caractéristique et de plus saisissant.

Panneau isolé a droite : *les Funérailles de sainte Geneviève.*

Abside : M. A.-E. Hébert. — Les grandes compositions de l'abside, nous l'avons dit dans le programme général, seront toutes exécutées en mosaïque.

Au milieu, dans le haut, debout, *le Christ montre à*

l'ange de la France les grandes destinées du peuple dont il lui confie la garde. De la main droite, il fait un geste qui indique la Puissance Souveraine; Il ordonne, Il règne, Il soumet : *Christus vincit, Christus regnat, Christus imperat.* Ces paroles sont écrites, en lettres d'or, sur la bande bleue qui sert de base à la composition.

A côté du Christ, la Vierge intercède pour la France, dans l'attitude des *Orantes* antiques. A gauche, un peu en arrière, l'Ange de la France, l'épée à la main, regarde l'avenir qui lui est révélé et attend la réalisation des grandes choses qui lui sont prédites. Près de lui, un genou en terre, se tient sainte Geneviève, vêtue de son costume traditionnel de bergère. La houlette dans la main droite, un agneau sous le bras, elle prie pour la ville de Paris, qui est représentée par le symbole si connu d'un vaisseau.

Au-dessus de cette composition, en seront exécutées trois autres, également à fond d'or : — Baptême de Clovis par saint Remi en présence de sainte Clotilde; le roi des Francs, vêtu de peaux d'animaux, est vaincu par le Christianisme. — La royauté française à son apogée, personnifiée dans saint Louis; la Justice et la Force se tiennent chacune d'un côté du trône. — Jeanne d'Arc entend des voix qui l'appellent à la délivrance de son pays; elle laisse tomber son fuseau pour prendre l'épée et l'étendard.

Enfin, dans les deux panneaux longs qui touchent la base de l'abside, deux grands sujets complèteront la pensée de l'artiste.

Ces diverses compositions résument, dans une sorte de synthèse, les principales pages de notre histoire religieuse et nationale, qui se déroule plus en détail le long des nefs de la Basilique.

Peintures de la grande nef, à gauche, confiées à M. Meissonnier : — *Sainte Geneviève sauve Paris de la famine pendant le siège de cette ville par les Francs.*

Bras de la Croix, côté de l'ancienne chapelle de la Sainte-Vierge, à droite. M. P. Baudry : *Jeanne d'Arc.*

Les sujets représentent, dans leur ensemble, tout ce qui se rattache à la vie et à la mission de Jeanne d'Arc, ils sont disposés dans l'ordre suivant :
1º — Vision.
2º — Entrevue avec le roi à Chinon.
3º — Prison.
4º — Supplice.
5º, 6º, 7º. — Procession, marche des chevaliers qui apportent la sainte ampoule.

Ancienne chapelle de la Sainte-Vierge, à droite et à gauche. — M. Ferd. Humbert.

Panneaux intérieurs : *Les grandes femmes chrétiennes de la France.*

Dans quatre compositions, à droite et à gauche de l'autel, l'artiste fait passer sous nos yeux la femme française dans ses différentes conditions : sainte Blandine et Jeanne Hachette, sainte Radegonde et Mme Legras, fondatrice des Filles de la Charité; c'est-à-dire la bourgeoisie et la noblesse, la fille du peuple et la souveraine, vouant leurs affections et leur vie à ces grandes choses qu'on nomme : la Foi, le Patriotisme, l'Amour des Sciences et des Lettres, le Dévouement.

Sainte Blandine, martyre à Lyon. — C'est le courage intrépide à confesser la vérité, même en face de la mort. La scène se passe dans l'amphithéâtre, en présence du gouverneur romain, et devant une immense multitude. Au premier plan, la sainte, traînée sur le sable par les bourreaux, va être livrée à un taureau furieux. — Elle regarde le ciel, et aperçoit un ange qui lui apporte la palme du martyre.

Sainte Radegonde, dans son monastère à Poitiers. — C'est la dignité du caractère, jointe au plus vif amour des sciences et des lettres. Elle est représentée au moment où, s'arrêtant dans la cour du cloître, elle s'assied avec deux de ses compagnes, à l'ombre d'un arbre, sur la margelle d'un puits, pour écouter une lecture que fait le poète Fortunat. Un groupe de docteurs et de savants complètent l'auditoire. Au fond, sous les arcades, des religieuses s'occupent de divers travaux. Tout, dans cette scène, respire une douce sérénité et le calme profond du cloître.

Jeanne Hachette, au siège de Beauvais. — L'héroïne est animée, pour la défense de la patrie, d'une énergie et d'un courage qui se communiquent à tout ce qui l'entoure. Sa voix électrise le peuple qui la suit en foule. Arrivée sur les remparts, elle arrache le drapeau ennemi qui a été planté, et précipite dans les fossés les premiers assaillants qui avaient pénétré dans la ville.

Mme Legras, nièce d'un garde des sceaux de France, fondatrice des Filles de la Charité. — Elle est représentée visitant de pauvres paysans que la famine et la maladie ont réduits à la dernière extrémité. Elle leur apporte des secours de toutes sortes; elle les fortifie et les console par ses douces et maternelles paroles.

Bras de la Croix, côté de l'ancienne chapelle de la Sainte-Vierge, à gauche. — M. A. CABANEL.

PANNEAUX INFÉRIEURS : *Saint Louis.*
Cette page de notre histoire occupe quatre entre-colonnements.

— Entre-colonnement de gauche : *La reine Blanche de Castille dirige l'instruction de son fils.* Elle est secondée dans cette noble tâche par les prélats et les savants qui l'entourent. Les efforts communs donneront à la France un héros et un saint.

Les deux entre-colonnements du milieu contiennent le sujet principal qu'on pourrait désigner sous ce titre :

Les grandes Œuvres de saint Louis. — Le roi rend la justice; il est entouré des personnages les plus distingués par leur mérite et leurs vertus; ces personnages sont pris dans toutes les conditions : gens d'Église, juristes, érudits et théologiens. Sur les degrés du trône, un accusé, un coupable peut-être, se tient agenouillé, le visage caché dans ses mains; auprès de lui, ses proches, dans une posture suppliante, font appel à la justice du roi, ou implorent sa clémence.

Au milieu du groupe du premier plan, à gauche, Etienne Boileau, prévôt de Paris et mandataire de saint Louis, préside à l'abolition des combats judiciaires; il réconcilie les adversaires, tandis qu'un homme d'armes repousse un ouvrier qui s'apprêtait à subir la barbare épreuve du feu.

Plus loin, une orpheline, assise sur la première marche d'un palier, attend avec confiance que le monarque étende sur elle cette puissante et royale protection qui ne laisse aucune misère sans soulagement, aucune infortune sans secours.

Cette figure se rattache au groupe du milieu, où la Foi chrétienne est personnifiée par une famille éplorée qui n'espère plus qu'en l'efficacité de la vertu du saint roi, pour rendre à la santé la jeune malade couchée sur une civière : s'il laisse tomber un regard de compassion sur leur fille, les pauvres gens se tiennent pour assurés de sa guérison.

Sur le palier à droite, les chevaliers revenus aveugles de Palestine, et conduits par un enfant, rappellent la fondation des Quinze-Vingts.

Du même côté, sur le premier plan du tableau, Robert Sorbon explique à de jeunes écoliers les statuts de l'établissement qui porte encore son nom.

Plus loin, les Corporations des métiers de Paris, avec leurs bannières. Au fond, sur une estrade, sont assis les barons, les prélats, les jurisconsultes, etc.

L'artiste place cette scène qui résume l'œuvre de

saint Louis sous ses aspects les plus connus, dans la Sainte-Chapelle, élevée par les soins du roi lui-même.

— Entre-colonnement à droite : *Saint Louis, prisonnier en Palestine.* — Le roi, malade, brisé par la captivité, s'appuie sur son chapelain pour recevoir les Sarrasins qui se présentent en foule au seuil de sa tente. Ceux-ci, l'épée encore teinte du sang de leur chef qu'ils ont massacré, viennent apporter au roi de France les insignes de la souveraineté et lui offrir de régner sur eux. L'air calme et magnanime de leur captif, la majesté sereine de son maintien et de son regard, leur imposent et augmentent encore l'admiration qu'ils professent pour lui. C'est le roi, le chrétien, le chevalier, qui apparaît à leurs yeux dans toute sa simplicité et dans toute sa grandeur.

Nef d'entrée, à gauche. — M. E. DELAUNAY.

PANNEAUX INFÉRIEURS : *Sainte Geneviève rend la confiance et le calme aux Parisiens effrayés de l'approche d'Attila.*

PANNEAU ISOLÉ, A GAUCHE. — Attila, à cheval, est en marche sur Paris. Il est suivi de son armée qui se déploie dans des gorges resserrées, le long desquelles on aperçoit des villages incendiés. A ses côtés, des chefs, des soldats sont chargés d'objets provenant du pillage, et célèbrent leurs exploits en sonnant de la trompette. Au premier plan, des cadavres.

SUJET PRINCIPAL, comprenant les trois entre-colonnements à droite. — Dans le panneau central, sainte Geneviève, entourée de femmes qui s'assemblent avec elle pour prier, debout sur les degrés qui conduisent au baptistère, cherche à calmer la population affolée de terreur à la nouvelle de l'approche d'Attila. Animée de l'esprit d'en haut, elle affirme que le *Fléau de Dieu* n'entrera pas dans Paris et que tout danger sera écarté. Ce langage de la sainte excite dans la foule des sentiments divers : les uns la menacent et veulent lui jeter des pierres; d'autres tiennent des cordes pour la lier et la jeter à la Seine; d'autres encore préparent un bûcher et attisent le feu pour la brûler comme sorcière.

Le panneau à gauche est occupé par différents groupes qui discutent avec animation, ils se relient au groupe principal en passant derrière la colonne.

Plus loin que cette foule, des gens conduisant un chariot rempli d'objets de toutes sortes se disposaient à fuir; ils s'arrêtent aux paroles de paix et d'espérance qu'ils viennent d'entendre.

A droite, agenouillés sur les marches du baptistère, ceux qui croient à la haute vertu de Geneviève et ont foi dans sa prédiction, embrassent le bas de sa robe. Dans le lointain, on voit l'archidiacre *Sédulius*, envoyé par saint Germain d'Auxerre, et arrivant au milieu même de la crise. Le grand évêque a voulu, avant de mourir, donner à la sainte un dernier témoignage de son estime; il lui envoie des Eulogies, ou pains bénits, qui sont dans l'Eglise un signe d'union et de charité, et du fond de la tombe, il couvre encore la vierge de Nanterre de sa puissante et efficace protection.

Peinture du bas du monument. — Les réflexions que nous faisons plus haut, à propos des sujets de peinture choisis pour les deux chapelles, s'appliquent également ici. Les sujets de peinture qui occupent les deux panneaux avec archivolte, à droite et à gauche de l'entrée, se rattachent, par des liens étroits, aux divers sujets traités dans les autres parties de l'édifice; car ils nous montrent le Christianisme commençant dans les Gaules cette magnifique épopée d'enseignement et de martyre, dont la prédication et la mort du premier évêque de Paris seront une des premières et plus émouvantes pages.

La première composition, à droite, en entrant, confiée à M. Galland, est consacrée à *la Prédication de saint Denys*.

Dans la seconde composition, à gauche, en entrant,

confiée à M. Bonnat, *saint Denys couronne sa mission par le martyre*.

Nous nous rendrions coupable d'une omission aussi regrettable qu'injuste, si, en terminant cet exposé, nous ne donnions, au moins, un aperçu sommaire des travaux d'art décoratif confiés à M. V. Galland, et destinés à faire, aux œuvres magistrales dont nous venons de parler, un encadrement ornemental qui les relève encore et en augmente, s'il est possible, la valeur et le mérite.

La tâche n'était pas sans difficulté, M. l'architecte du Panthéon avait posé en principe que l'encadrement devrait s'accorder avec le genre et le ton des différentes compositions, éviter d'accuser aucun style qui ne serait pas en rapport avec le caractère des diverses époques auxquelles se rattachent les sujets traités. D'autre part, l'architecte demandait, avec raison, un genre de décoration ornementale dont la sobriété fût en harmonie avec la majesté sévère du monument. Pour satisfaire à cette double et légitime exigence, l'artiste a exécuté une ornementation de feuillage. Les bordures sont formées par des guirlandes d'une coloration neutre, que coupent, de distance en distance, des cartouches avec inscription explicative, et des monogrammes. Ce travail décoratif est du meilleur effet, et a trouvé une approbation unanime.

SCULPTURE

Voici, dans l'ordre proposé par M. le Directeur des Beaux-Arts, et adopté par M. le Ministre, les noms des personnages représentés, et les noms de MM. les artistes à qui l'exécution des statues a été confiée.

— *Statue de saint Denys*, sous le vestibule de l'église, à droite, en entrant, confiée à M. Perraud.

— *Statue de saint Remy*, sous le vestibule à gauche, en entrant, confiée à M. Cavelier.

— *Statue de saint Germain d'Auxerre*, adossée au pilier du dôme, faisant face à l'entrée, côté droit, confiée à M. Chapu.

— *Statue de saint Martin*, adossée au pilier correspondant, côté gauche, confiée à M. Cabet (terminée, après la mort de M. Cabet, par M. Becquet).

— *Statue de saint Bernard*, adossée au pilier du dôme, côté droit, confiée à M. Jouffroy.

— *Statue de saint Jean de Matha*, adossée au pilier correspondant, côté gauche, confiée à M. Hiolle.

— *Statue de saint Eloi*, adossée au pilier du dôme, à droite, confiée à M. Mercié.

— *Statue de saint Grégoire de Tours*, adossée au pilier du dôme, à gauche du dôme, confiée à M. Frémiet.

— *Statue de saint Vincent de Paul*, adossée au pilier du dôme, à droite, confiée à M. Falguière.

— *Statue du vénérable de la Salle*, adossée au pilier du dôme, à gauche, confiée à M. Montagny.

TAPISSERIES DES GOBELINS

D'APRÈS LES CARTONS ET MODÈLES DE M. CH. LAMEIRE

Ancienne chapelle Sainte-Geneviève. — La tapisserie destinée à cette chapelle affecte le style de Louis XV, afin de rappeler l'époque de l'édification du monument; ce style est relevé toutefois par les éléments plus vigoureux du style Louis XIII.

L'ornementation s'enlève en clair sur un fond pourpre chaud. La bordure, avec le même fond, offre un quadrillé rehaussé en clair avec des rosaces intercalaires.

Le motif supérieur de la tapisserie représente la médaille de bronze donnée par saint Germain à Geneviève enfant. Des guirlandes de fleurs et de feuillages partent de ce point pour se dérouler et s'attacher à la bordure; elles forment dais, et couronnent le motif principal, qui est conçu dans l'esprit des grands motifs d'armes de France avec pavillon et tenants, connus sous le nom de *grandes chancelleries*. L'écu des armes de la ville dont sainte Geneviève est la patronne, occupe le milieu d'un cartouche bouclier aux écailles d'or.

Un agneau, entouré de gerbes et de fleurs des champs, repose sur un lambrequin vert agrémenté d'or, et occupe la place des honneurs.

De chaque côté du cartouche et sortant de gaines y attenantes, sont représentés en grisaille-camaïeu : le *Courage civique* symbolisé par un Franc chevelu, qui tient la framée et le casque ailé; la *Bienfaisance*, sous les traits d'une jeune femme voilée, distribuant des pains aux pauvres. En bas du cartouche, sur un *volumen* déployé et volant, la devise : PRO PATRIA. Au-dessous, un lion de face, aux ailes étendues, symbole de la force. Sa queue double donne naissance à de gigantesques rinceaux camaïeu-coloris qui, en se déroulant, forment l'ornementation principale. La tapisserie est terminée par une large litre, formée de guirlandes de chêne.

Ancienne chapelle de la Sainte-Vierge. — La tapisserie du fond de cette chapelle offre, dans l'ornementation et la disposition, une grande similitude avec celles de la chapelle de Sainte-Geneviève; le ton de la tenture est bleu; des guirlandes sont formées de **roses**, de **lys** et de **pivoines**.

A la partie supérieure de la tapisserie est placée une couronne de roses blanches.

Le monogramme de la sainte Vierge, placé au milieu de l'écu, est surmonté d'une couronne d'étoiles rayonnantes. — Deux figures d'anges ailés, sortant de gaines, tiennent le cartouche. Sur un *volumen* déployé on lit ces paroles : *Ave Maria, gratia plena,* prononcées par l'ange Gabriel qui se voit, au-dessous, incliné, les ailes étendues, comme au jour de l'Annonciation.

Derrière l'ange, des rinceaux en camaïeu-coloris courent sur le fond. Au bas, une large litre avec grecque, et trois guirlandes de térébinthe, **symbole de la pureté immaculée de la Mère de Dieu.**

www.ingramcontent.com/pod-product-compliance
Lightning Source LLC
Chambersburg PA
CBHW071202240526
45470CB00017B/1238